The Saving of Sophia

Written by Cary Gordon Trantham

Illustrations by Ron Hernandez
Translation by Cleta Hernandez de Carlsmith

AuthorHouse™
1663 Liberty Drive
Bloomington, IN 47403
www.authorhouse.com
Phone: 833-262-8899

Because of the dynamic nature of the Internet, any web addresses or links contained in this book may have changed since publication
and may no longer be valid. The views expressed in this work are solely those of the author and do not necessarily reflect the views of the
publisher, and the publisher hereby disclaims any responsibility for them.

This book is printed on acid-free paper.

ISBN: 978-1-4772-0799-4 (sc)
ISBN: 978-1-4772-2472-4 (e)

Library of Congress Control Number: 2012909485

Print information available on the last page.

Published by AuthorHouse 02/12/2021

authorHOUSE®

To my grandchildren, Victoria, Ryan, Hunter, and Zachary, and to the schoolchildren in Boquete, Chiriqui Province, Republic of Panama. The nonprofit organization ReAL Boquete (www.realboquete.com) has been working with the minister of education on an educational program to teach the importance of recycling. They have been very successful during the past few years bringing ecological knowledge to schools in the District of Boquete. ReAL Boquete also has a recycling center in Bajo Boquete where they service the public by collecting recyclable materials.

I salute the organization.

Cary Gordon Trantham

The Saving of Sophia

Grace is a beautiful loggerhead turtle that lives on Loggerhead Key, an island in the Dry Tortugas. The Dry Tortugas are a small group of islands in the Gulf of Mexico just west of the Florida Keys. Grace has a very dear friend by the name of Sophia. Sophia is a great pilot whale that migrates through the Gulf, and when she does, she always visits with her dear friend Grace.

As they meet for the first time after many months, Grace says,

> "Oh my goodness, what do I see?
>
> Is that a plastic bag sticking out of thee?"

What Grace saw was an ugly black garbage bag sticking out of the air spout of her dear friend.

Sophia answered with a sad and scared voice,

> "Goodness gracious, I thought I had the flu.
>
> Any suggestions of what I should do?"

Sophia had not felt well for several days. She had been coughing and sneezing, as she was not able to breathe very well.

The turtle felt distress for her friend and said,

> "Let me see if I can find someone to help.
>
> Perhaps we can wrap around it a bit of kelp.
>
> This way we can try to pull it out of your spout.
>
> And hope and pray that it will come out."

Sophia responded with a grimace and a frown,

> *"I don't want to die; I have family, you know.*
>
> *And I have many migration miles to go.*
>
> *I love the ocean, my place, my home.*
>
> *There is so much to see and so much to roam."*

Grace, bobbing her beautiful turtlehead in agreement told her friend,

> *"Stay here and wait—I won't be long.*
>
> *And when it is over, we'll sing our favorite song.*
>
> *You are my friend, and I won't let you down.*
>
> *Give me a smile and please don't frown."*

Grace started swimming as fast as her turtle legs would allow and began looking for a strong piece of kelp, a species of seaweed. All of a sudden, she stopped swimming and began to panic. She realized that strong kelp did not grow there in the waters off the islands. The kelp she needed grew way up north, where the water was colder. She just did not know what she was going to do, and then she saw her friend Jack playfully jumping out of the water. Jack was a fun-loving dolphin that everybody loved. He was always smiling and laughing. As he was getting ready to do a fancy twist in the air to show off, he saw Grace frantically waving at him. Jack swam as fast as he could to get by her side, and then he said,

> *"Hello, Grace, what's up with you and the whale?*
>
> *What is that in her spout, perhaps a sail?"*

Grace shook her head sideways and said with a screechy, frantic voice,

> *"Oh, no! Oh, no! It's not what you think.*

It is a nasty garbage bag as black as ink.

Sophia accidentally inhaled it into her spout.

And now we don't know how to get it out.

She is unable to breathe very well, you see,

I don't want her to die here at Loggerhead Key."

Jack gently patted his friend Grace on the top of her turtlehead with his fin and then sat back in the water on his tail. He put his fin under his chin and thought for a moment. Then suddenly his eyes lit up; he splashed the water excitedly and said,

"Grace, as you know, I am a talented animal.

I can swim and jump like no other mammal.

Hurry! Let's swim over to your friend Sophia.

I know just what to do. Oh, Mama Mia!"

Both Jack and Grace swam excitedly to the whale that was looking very scared and forlorn. She was coughing and trying to breathe. Her friends could see that taking a breath was getting more and more difficult for her. They knew they did not have much time.

Grace hollered at her friend,

"Sophia, look, I have found my friend Jack.

He has an idea how to pull out the nasty sack.

We must listen to what he has to say.

Trust me. This is going to end up a good day."

Jack was a gentleman, and as his mother had taught him, he politely introduced himself. He knew in his heart that he would be able to save this beautiful whale. She was one of the many species that migrated in the oceans. He looked with disgust at the horrible bag sticking out of the spout of his new friend.

Jack wondered if the human species would ever learn that plastic bags were extremely dangerous to all of the animals in the ocean. In his travels, he had witnessed many deaths of birds, turtles, whales, and others. Even his friend Grace had lost a cousin, because she thought a clear plastic bag was a jellyfish. Turtles love to eat jellyfish. Her cousin had gulped down the bag, and the plastic would not digest in her stomach and she died. With these thoughts, he became even more determined to save Sophia.

"Okay, Sophia, you must be trusting and brave.

Lie quietly and think of a lovely food you crave.

I am a great jumper, and I have a great plan

to jerk that plastic bag out as fast as I can."

Jack's idea was to jump over the whale, grab the plastic bag with his mouth, and jerk it out of the spout. Grace thought it was a crazy idea, but she loved her friend and did not want her to die. She was aware that sometimes, crazy ideas did work, and she knew that something needed to be done.

Jack swam around the whale a couple of times, and then with all of his strength, he jumped out of the water. As he dived over the back of the whale, he tried to reach for the bag blowing in the breeze, but he missed it by just a little bit. Both Grace and Sophia gave a shudder and sadly looked at each other.

Jack was very upset that he had missed, and then he realized he had not taken into consideration the movement of the bag caused by the wind. He then skillfully checked the direction of the wind, made some quick calculations in his brilliant mind, and started to make a couple of circles around Sophia again. Suddenly, he made a second, giant jump over Sophia.

Grace watched intently as this amazing dolphin flew out of the water and into the air. Jack was beautiful and graceful as he twisted his body and grabbed at the black plastic bag. Grace held her breath when she realized he had hold of the bag, but it did not seem to want to come out. She just knew that Jack was going to land on top of Sophia. She quickly hollered at her friend to cough as hard as she could through her spout.

All of a sudden, it was over. Jack was in the water, swimming on his back with the nasty black thing in his mouth. Grace knew he was afraid to let it go, as he did not want it to float in the ocean again, but he did not know what to do with it either. Grace motioned for him to bring it to her. Jack was quite happy to do just that because the bag tasted and smelled very bad.

Grace took the bag from Jack and headed toward the beach. She was the only one of the three that could get out of the water. With her big shell and her short legs, she crawled up the beach and away from the water. She found a large rock and nudged it on top of the plastic bag. She had seen humans come to the island to pick up garbage that had floated ashore, and she was hoping they would get the bag. Once that was done, she waved at her friends and headed back into the water. She could see Sophia had a big smile on her face and was taking big gulps of air. Grace was very happy and hollered to her friends,

"I'll be there in a jiff. I won't be long.
As now it is time to sing our favorite song."

Once the three were together, they started singing, and then they noticed other friends that had watched the rescue of the whale. Sam, the bull shark, was even there showing off his sharp and shiny teeth, and he happily joined the group. The others shuddered as they looked at his gaping jaws and then shrugged and laughed. Even though there are times when the ocean is a place for survival, this was a happy moment. They had all come together to celebrate the beautiful planet and the saving of Sophia. All were singing,

"In the sea, in the sea, in the beautiful sea.

We are free, we are free, oh, how happy to be."

Suddenly, to everyone's surprise, the scary, deep voice of Sam the shark changed the tempo of the song, and everyone was splashing around and singing,

"You put your right fin in,

You put your right fin out,

You put your right fin in,

And you shake it all about.

You do the hokeypokey,

And you turn yourself around.

That's what it's all about."

It really had turned out to be a good day, just as Grace had said.

A HAPPY THE END

Glossary

William Trantham
Retired Professor of Environmental Marine Biology, Florida Keys Community College

Loggerhead Turtle. Loggerhead turtles, like Grace, are reptiles that live in the sea. They are called "loggerheads" because their heads are large and mottled like a log. Adult turtles weight around 250 pounds and have shells about three feet in diameter. They have powerful jaws and feed on lobsters, crabs, Sargassum weed, and occasional jellyfish. They often eat plastic bags floating in the water, mistaking them for jellyfish. These bags prevent them from digesting their natural food, and the turtles may die from starvation.

Atlantic Bottlenose Dolphin. Dolphins like Jack are warm-blooded mammals that live in the sea. Their brains are larger than human brains. They produce pulses of sound to locate their food, which is sometimes buried in the sand. They are sometimes caught in fishing nets, and then they drown because, like turtles, they have to surface to breathe.

Globicephala macrorhynchus

The short-finned pilot whales average around five meters in length, have a rounded head, and form strong family bonds. They forage near shore and often consume or become entangled in plastic that floats in the water. Occasionally, groups of five to twenty or more may become stranded on Florida beaches, where they are subject to dehydration, sunburn, and eventual death. While the causes of this behavior is not well understood, some scientists believe it may be the result of parasitic worms that interfere with the whales' ability to navigate using reflected sound waves they produce when hunting prey.

Females are somewhat smaller than the males. Females have a long black body, measuring four to six meters (thirteen to twenty feet), with a bulbous, globe-like head. Males are somewhat larger than females. They are gregarious and often seen in groups of fifteen to fifty or more. Group strandings occasionally occur on Florida beaches. These whales are usually found in deeper water but sometimes forage close to the shoreline.

ABOUT THE BOOK

Sophia is a pilot whale who's death can only be prevented by her new friend, Jack, who is a bottle-nosed dolphin. The book is about the dangers of plastic bags in our oceans and the importance of recycling.

ABOUT THE ILLUSTRATOR

Artist Ron Hernandez

Born in New York City
Studied art at the School of Visual Art, NYC
Currently living in Burlington Vt.

Ron's work can be seen by visiting his website.airbrushron@mac.com

ABOUT THE AUTHOR

I grew up in the Pacific North West in the state of Washington, I moved to Oklahoma where I obtained my Bachelor's degree in Arts and Accounting. I received my Certified Public Accountant status in 1981. Because of my infatuation with our amazing planet and its fragile position in our solar system and in our universe, I went back to school and completed a Master of Arts degree in Earth Literacy/Global Sustainability. During this educational process, I realized the importance of recycling and the importance of educating our younger generation.

I presently live in Boquete, Panama where I am subjected to the rain forest and all of the life in a tropical ecosystem. How lucky can I be?

www.BermudaTriangleSurvivor.com

Education:
Bachelor of Arts degree – Oklahoma City University
License – Certified Public Accountant
Private Pilots License
Master of Arts degree in Earth Literacy/Global Sustainabiltiy from St. Mary of the Woods College.

Associations:
AOPA Pilots Association
American Mensa Society

La ballena piloto Globicephala melaena pertenece a la especia de delfines, y a menudo se desplaza en enormes manadas y ocasionalmente queda varada en aguas pocas profundas. Pueden zambullirse a profundidades de hasta 1,600 pies en la busca de peces y se comunican emitiendo sonidos de altas frecuencias. Muchas de estas ballenas, parecidas a Sofía pueden morir accidentalmente cuando tragan las bolsas plásticas para desperdicios que pueden confundir como un alimento.

Usted puede conocer más acerca de estas ballenas pilotos en el Internet bajo el libro de colorear de la National Geographic de las ballenas pilotos. Los niños pueden imprimir imágenes de estas ballenas.

La tortuga cabezona Caretta caretta que vive en el Islote de Loggerhead. Llevan este nombre debido a su enorme cabeza. Las tortugas Loggerhead se alimentan de pescados, cangrejos, langostas y medusas. La vista de estas tortugas disminuye con la edad debido a las múltiples picaduras de las medusas sobre sus ojos. Pueden llegar a pesar 800 libras y casi 4 pies de largo las tortugas marinas similares a Mercedes, muchas veces confunden las bolsas plásticas de emparedados por ser medusas y pueden morir como resultado de ingerir el plástico. El plástico en nuestros mares mata millones de aves, pescados y otras creaturas porque se les confunden como alimento. Puedes ayudar proteger a las tortugas marina y otros animales marinas recogiendo todo material plástico en las playas y botarlas en basureros. Quizás su maestra le puede llevarlos a paseo de estudio a la playa para ayudar a estas especies están en peligro de extinción. Usted puede conocer más acerca de estas tortugas cabezonas de los islotes de Loggerhead visitando el siguiente sitio web http://kids.nationalgeographic.com/Animals/CreatureFeature/Loggerhead.

Los delfines son mamíferos acuáticos relacionados con las ballenas y marsopas. Existen alrededor de cuarenta especies de delfines con 17 géneros.

GLOSARIO

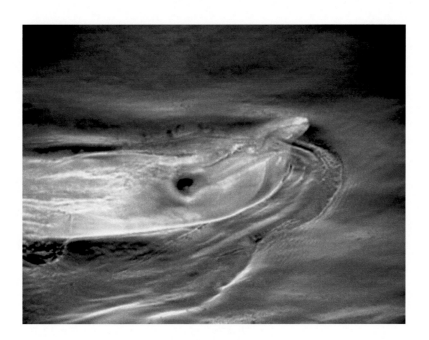

El delfín nariz de botella (*Tursiops truncatus*) es un mamífero marino que se alimenta de peces, gracias a su sistema de eco (ondas producidas por el sonido). Se considera al delfín como una de las criaturas más inteligentes del mar y en efecto tiene un cerebro más grande que los humanos. Los delfines como José, respirar aire y a menudo se ahogan cuando son atrapados por las redes de pesca usadas por las enormes naves comerciales de pesca. Muchos científicos piensan que los delfines tienen su propio lenguaje que puede ser tan complejo como el de los humanos. Los delfines frecuentemente nadan en círculos alrededor de su cría y embisten cualesquier tiburones que tratan de acercarse y los ahuyentan. Usted puede conocer más acerca de los delfines en el internet en el sitio http://kids.nationalgeographic.com/Stories/AnimalsNature/Dolphin-language

Cuando de pronto, y a la sorpresa de todos, la voz profunda y pavorosa de Sam, el tiburón cambió el ritmo de la canción y todos se salpicaran y cantaban,

"Agita la aleta izquierda, agita la aleta derecha, agita la aleta izquierda y las sacudes muy bien bailemos el joqui poqui y giremos una vez

Girando en tu lugar

Y así lo sabrás bailar."

Verdaderamente resultó ser un buen día, justo como dijo Mercedes.

"Un feliz fin."

Cuando de repente, se logró. José estaba en el mar nadando despalda con la repugnante cosa negra en su boca.

Mercedes sabía que él tenía miedo de soltar la bolsa ya que no quería que flotara más en los mares, pero no sabia que hacer con ella. Mercedes le hizo seña para que se lo llevara hacia ella. José estaba contento en hacer exactamente eso ya que la bolsa tenía mal sabor y apestaba.

Mercedes tomó la bolsa de José y se dirigió hacia la playa. Ella de los tres era la única que podía salirse del mar. Con su enorme caparazón y piernas cortas, se arrastró a la playa y se alejo del mar. Encontró una enorme roca y lo empujó suavemente encima de la bolsa. Ella ya había visto los humanos llegar a la isla para recoger desperdicios que había flotado hasta la orilla y tenía esperanza que estas personas recogerían la bolsa. Una vez logró colocar la bolsa, Mercedes hizo señas con sus brazos a sus amigos y se metió nuevamente en el mar. Ella podía percibir que Sofía lucia un rostro sonriente y estaba respirando profundamente. Mercedes estaba muy contenta y les dijo chillando de alegría a sus amigos.

"Estoy llegando, no tardaré Y ahora nos toca cantar nuestra canción favorita"

Una vez los tres estaban juntos, comenzaron a cantar y después se dieron cuenta que otros amigos habían visto el rescate de la ballena. Hasta Sami, el tiburón macho estaba allí mostrando sus dientes filosos y resplandecientes al unirse alegremente al grupo. Los otros temblaban al mirar su enorme mandíbula pero después lo superaron y se reían. A pesar que en ocasiones los mares es un lugar de sobrevivencia, este era un momento feliz al reunirse para festejar y loar nuestro hermoso planeta y el rescate de Sofía.

"En el mar, por el mar en el hermoso mar
Somos libres, libres y muy contentos de estar."

les encanta comer las medusas y una vez hayan tragado la bolsa, queda en el estomago. La bolsa plástica no se digiere y se mueren. Al pensar esto, se empeñó aún más para salvar a Sofía.

"Está bien Sofía, debes tener confianza y ser valiente. Quédate quieta y piensa en una comida rica que quisieras comer. Yo soy un buen saltador y tengo un buen plan.

Para retirarte esa bolsa plástica lo más rápido posible."

La idea de José era de saltar por encima de la ballena y arrancar la bolsa plástica con su boca y halarlo de su respirador. Mercedes pensaba que era una idea descabellada pero ella amaba a su amiga y no quería que se muriera. Ella estaba consciente que a veces ideas descabelladas funcionan y ella sabía que se tenía que hacer algo.

José nadó alrededor de la ballena varias veces y entonces con toda su fuerza, saltó saliéndose del mar. Al tirarse en picada sobre la espalda de la ballena, trató de retirarle la bolsa que soplaba en la brisa, pero falló por poquito. Tanto Mercedes y Sofía se estremecieron al mirarse tristemente.

José se inquietó mucho al fallar y entonces se dio cuenta que no había tomado en cuenta el movimiento de la bolsa causada por el viento que soplaba. Con mucha habilidad verificó en que dirección soplaba el viento, hizo unos cálculos rápidos en su mente brillante y comenzó a darle varias vueltas a Sofía nuevamente. De repente hizo un gigante salto por segunda vez sobre el hermoso cuerpo color gris de Sofía.

Mercedes miraba atentamente cuando el maravilloso delfín saltó fuera del mar y voló en el aire. José era hermoso y gracioso al retorcer su cuerpo y agarró la bolsa plástica negra. Mercedes paro de respirar cuando se dio cuenta que José agarró la bolsa pero la bolsa estaba atascada y no salía. Ella sabía que José iba a quedar encima de Sofía. Mercedes rápidamente le gritó a su amiga lo más fuerte que podía a través de su respiradero.

No quiero que muera aquí en el islote de Loggerhead".

José le dio suaves palmaditas sobre la cabeza de tortuga de Mercedes con su aleta y después se sentó en el agua sobre su cola. Colocó su aleta debajo de su mentón y reflexionó unos instantes.

Entonces de pronto sus ojos comenzaron a brillar, chapoteo en el mar entusiasmado y dijo, "Mercedes, como ya sabes soy un animal con muchas habilidades. Puedo nadar y brincar como ningún otro mamífero. Apúrate vamos a nadar hacia tu amiga Sofía. Ya sé exactamente lo que tengo que hacer.

¡Ay Dios mío!"

Tanto José como Mercedes nadaron entusiasmados hacia la ballena que tenía cara de estar muy asustada, triste y desamparada. Estaba tosiendo y tenía dificultades para respirar. Sus amigos se percataron que a Sofía le resultaba más y más difícultoso respirar. Ellos sabían que no tenían mucho tiempo para salvarla.

Mercedes le gritó a su amiga, "Sofía, mira encontré mi amigo José. Él tiene una idea como retirarte esa horrible bolsa. Tenemos que prestarle mucha atención a lo que tenga que decir. Confía en mí. Este día va a terminar siendo un buen día."

José era un caballero y se presentó cortésmente como su madre le había educado. El sabía en su corazón que el iba a poder salvar a esta hermosa ballena. Ella era una de tantas especies quienes se desplazan en los mares. Miró con indignación y repugnancia a la horrible bolsa que salía del respirador de su nueva amiga.

José estaba pensando si la especie humana lograría aprender algún día que las bolsas plásticas son extremadamente peligrosas para todos los animales de los mares. En sus viajes, el ha presenciado muchas muertes de aves, tortugas, ballenas y otros. Hasta su amiga Mercedes perdió una prima porque ella pensaba que la bolsa plástica transparente era una medusa. Las tortugas

Sofía le contestó con una mueca de dolor y con el ceño fruncido, "No quiero morir, tengo una familia, tú sabes. Y aún tengo muchos kilómetros que viajar.

Amo el mar, es mi casa, es mi hogar. Tengo tantas cosas que ver y tantos lugares para descubrir."

Mercedes, balanceaba su hermosa cabeza de tortuga afirmando y le dice a su amiga, "Quédate aquí y espera, no voy a tardar. Y cuando terminamos, cantaremos nuestra canción favorita. Tú eres mi amiga y no te decepcionaré A ver, sonríete y por favor no frunzas tus ceños."

Mercedes comenzó a nadar lo más rápido que sus aletas (piernas de la tortuga) le permitían nadar para buscar un pedazo de alga marina resistente. Cuando de repente, con pánico reflejado en su rostro paro de nadar. Y de pronto se dio cuenta que las algas resistentes no crecían en las aguas costeras de las islas.

Las algas que necesitaba crecían al norte en aguas más frías. Ya no sabía que iba hacer cuando inesperadamente vio a su amigo José quien saltaba alegremente en el mar. José es un delfín juguetón muy querido por todos. Siempre estaba alegre y sonriente. Mientras se preparaba a hacer una pirueta estrambótica en el aire para lucirse, vio a su amiga Mercedes quien gesticulaba frenéticamente para saludarlo. Nadó lo más rápido posible hacia ella y le dijo,

"Hola Mercedes, ¿qué pasa contigo y la ballena?
¿Qué es eso que tiene la ballena en el respiradero, una vela, cierto?"

Mercedes sacudió su cabeza a los lados y dijo con voz temblorosa y chillona, "¡Ay no, para nada! No es lo que piensas. Es una bolsa negra para desperdicios, está negra como la tinta. Sofía la inhaló accidentalmente en su respiradero. Y ahora no sabemos como hacer para retirársela. Lo que pasa es que no puede respirar bien.

EL Rescate DE SOFÍA

Mercedes es una hermosa tortuga cabezona que vive en el Islote de Loggerhead. Este islote forma parte de las Islas de Dry Tortugas (por tener abundante tortugas sin agua dulce). Los islotes de Dry Tortugas—un pequeño grupo de islas en el Golfo de Méjico —se encuentran justo al oeste de los Islotes de Florida.

La mejor amiga de Mercedes se llama Sofía. Sofía es una enorme ballena piloto o calderón que traviesa el Golfo de Méjico y cuando esto ocurre, siempre visita a su gran amiga Mercedes.

Al encontrarse por primera vez después de haber pasado muchos meses sin verla:

Mercedes le dice, "Caramba, ¿qué es eso, lo tienes pegado a tu respirador? ¿Se te pegó una bolsa plástica?"

Lo que Mercedes estaba percatándose era que una espantosa bolsa negra para desperdicios se le había pegado al respirador de su gran amiga.

Sofía le contestó con una voz triste y temblorosa, "¡Dios mío! Yo pensaba que estaba resfriada. ¿Tienes algunas sugerencias? ¿Qué puedo hacer?"

Hace días que Sofía no se sentía bien, estaba tosiendo y estornudando ya que respiraba con mucha dificultad.

La tortuga se sentía afligida por su amiga y le dijo,

"Déjame ver si puedo encontrar alguien para que te ayude. Quizás, te puedo envolver algas alrededor de la bolsa negra. Y de esta manera podemos sacarla de tu respiradero orificio nasal. Ojala y Dios quiera que te lo pueda sacar."

EL ReScate DE SOFÍA

Por Cary Trantham

Este libro está protegido por copyright ©2008

Ilustrado por Ron Hernández

Traducción por Cleta Hernandez De Carlsmith

Printed in the United States
By Bookmasters